URBIA I

LINNEU DIAS

URBIA I

Organização
IDA VICENZIA

Espaço&Tempo

© 2012 Copyright espólio Linneu Dias

Espaço e Tempo é um selo editorial
da Editora Garamond Ltda.

Direitos cedidos para esta edição à
Editora Garamond Ltda.
Rua Cândido de Oliveira, 43/101 – Rio Comprido
Cep: 20.261.115 – Rio de Janeiro, RJ
Telefax: (21) 2504-9211
E-mail: editora@garamond.com.br

Capa
Fernando Muller Hargreaves

Fotos
Arquivo do autor

Diagramação
Estúdio Garamond

CIP-BRASIL. CATALOGAÇÃO NA FONTE
SINDICATO NACIONAL DOS EDITORES DE LIVROS, RJ.

Dias, Linneu Moreira
Urbia I / Linneu Moreira Dias; vol. 1; organização Ida Vicenzia Flores – Rio de Janeiro: Garamond, 2012.

144 p. ; 14x21 cm.
ISBN 978-85-7617-259-8

1. Poesia brasileira. I. Flores, Ida Vicenzia. II. Título.

CDD 869.91
CDU 821.134.3(81)-1

Todos os direitos reservados. A reprodução não-autorizada desta publicação, por qualquer meio, seja total ou parcial, constitui violação da Lei n° 9.610/98.

Lauro Dornelles Maciel, Ida Vicenzia, Lilian Lemertz e
Linneu Dias. Praça da Matriz, Porto Alegre

La Benjamine

Tia Ida foi de uma influência cabal
e de uma eficácia total na
construção de meu livro de poemas.

Linneu Dias
Rio 22. 06. 02

Ao batizar seu livro com o nome de URBIA, Linneu Dias quis homenagear as cidades de seus sonhos, onde imperam a "elegância" e o "refinamento". Porém, contraditoriamente, as cidades que o poeta apresenta ao leitor estão muito distantes dos centros urbanos por ele sonhados.

Sumário

Apresentação, 9

I Poemas

"El Viejo", 11
Minha mãe, 13
O poemódromo, 14
Insonia, 15
Esquina Vitória/Guainazes, 16
Vênus, 17
Inverno, 18
Meninos, 19
O avesso do Cooper, 20
Metrô News, 21
Confissão, 22
O Século, 23
Meu bairro, 24
São Paulo, meu amor, 25
O velho centro, 26
Cuidad, 28
Patrulha, 29
Destino, 30
A polícia I, 31
A Polícia II, 32
Dos jornais, 33
Aprendizado, 34
Business, 35
Bandeira, 36
Vozes, 37
A poesia, 38

Pitta pepita, 39
As estações, 40
2000, 41
As Veras, 42
The cheater, 43
O italianinho, 44
Poema para ler, 48
Para o Lenine, 49
O atropelado, 50
Do lodo nasceu uma flor, 52
A pele, 54
O tempo, 55
Visitas, 56
Brazil today, 57
A guerra dos mundos, 58
O capitão Guy Dugli, 59
Na loja, 60
No caminho de Vassouras, 61
Os camelôs, 62
Sinto, 66
Ressaca, 66
Fraternidade, 67
Saco, 68
História de uma doença, 69
Doença, 71
Luki, 72
Assassinos, 73
Tema com digressões, 74
Celular, 76
O Senhor Governador, 77

Vozes femininas, 78
Olho, 79
Coisas da vida, 80
Politicamente incorreto, 81
Henri, 82
Homenagem, 83
12.01.82, 84
A imagem do Progresso, 85
O que te espera, 86
Morangos e canetas, 87
O nome, 88
As nuvens, 89
L'amour, 90
O Velho Paulo, 91
Os extremos, 92
A vingança do porteiro, 93
A chuva, 94
Impasse, 95
Impasse II, 95
Ditado, 96
Paradoxo catalão, 97

A Tempestade, 98
Rock'n Roll, 100
À mariajosedecarvalho, 101
Canto digno de ser admirado, 102
Poema do Juqueri, 104
Doença, 105
Balcão de informações, 106
Miguel, 107
Tio Ednei, 108
Alê, 111
His mission, 114
Manhã de outono, 117
La vision, 118
Sócrates, 119
Tesouro, 120

Fotos, 121

II MONÓLOGO

Minh'alma, alma minha, 129

Apresentação

Talvez porque pressentisse a morte, Linneu Dias registrou em escrita alguns desses momentos de seu estado natural, a poesia. Não porque tentasse uma avassaladora busca do tempo perdido, talvez apenas para brindar a vida, amores, cidades, pessoas, momentos que vivendo amara.

Um brinde a seu feitio, chiquérrimo. Discreto, já que elegante; irônico, já que aristocrático o suficiente para não se crer civilizador; de fino acabamento, pois que de muito culto, nem o arcaico nem o moderno lhe seriam estranhos nunca; apaixonado e apaixonante, já que artista invejável; mortal, posto que humano.

Urbia é uma espécie de prenda poética.

À mulher que ele amou, preferiu escrever um poema como se fosse um filme. E como os filmes que amara estavam no cinema britânico – meu Deus, era sua cara! – dos anos 30 e 40, presenteou a Diva máxima de sua vida, em inglês (da Inglaterra, of course!). Afinal, sempre fora um gentleman, nos palcos, nos filmes e na vida.

Ao amigo que ele amou, outro poema-filme. Como decididamente cinema não parece falar português, escreveu-o em francês, bien sûr! Tão próximo de Baudelaire quanto de Gide, Rimbaud ou Verlaine.

Todos eles nos recitara. Em aeroportos, ônibus, hotéis, castelos, fortes, jangadas, palcos, praias, lagoas, cataratas e falésias – enquanto excursionando como companhia de teatro e cinema. Dizíamos rodas e horas ouvíamo-lo cantar os poetas. Ai que saudades! Linneu encarnava simplesmente um deus irresistível quando se nos expunha seu estado de poesia perene!

Todo ator adora dizer poemas. Afinal nada existe melhor escrito para ser falado, e é certo que os grandes textos do teatro estão na forma poética. Entretanto, linneu quando falava os poemas ia muito além de exacerbação da oratória dramática. Algo assim como quando nos contou sua vida, num solilóquio hamletiano, através de poesias em Minha'alma, alma minha – que assisti dezenas de vezes, sempre chorando no final. E depois quando o via todo sorridente, vindo até mim no final do espetáculo, tinha vontade de bater nele, porque eu mesmo despedaçara-me.

Assim são os atores. Mais infernais ainda se, indiferentes à própria arte de representar, forem esses atores uns poetas. Como Linneu Dias.

Linneu vivia em estado de poesia. Ser, era "ser poético". Todo o resto era o nada.

Djalma Limongi Batista

"El viejo"*

*(Fuera bien que casi comenzara el libro
con "la vieja". Pero habían cosas...)*

en "el viejo" que comenzaron a aparecer. Su lugar de nacimiento, que podría haber sido en Uruguay, en una localidad llamada Cuña Piru, cuyo nombre no se sabe todavía lo que significa. Y pequeñas cosas: Piqueri, Jaguarón, nombres de localidades acuosas, la más importante, el arroyo Ibirapiutã?

Palomas, la chácara, sus socios en los negocios, Dr. Beltrão, o seu Silveira, el padre de Helio Ary.

Pasados algunos años de su muerte me encontré por acaso con un viejo amigo suyo, un señor de aires germánicos que me trató muy bien y me dijo con aires muy serios que mi papá habría sido un hombre encantador y no hubiera debido casarse y la imagen de ese caballero permaneció en mi para siempre como una verdad. Dijo de manera tan objetiva.

Papá nunca hubiera debido casarse y eso la mayor parte de los hombres no debían hacerlo hecho.

Papá se interesaba mucho por él "pandujo" de las mujeres quiere decir "le derrière des femmes" y no pocas veces se alegraba con eso mediante algún agrado o un poquito de dinero. Eran mujeres pobres que venían en su oficio. Mamá sabía de todo eso. Pero a papá le gustaba mucho estas liberalidades con las mujeres, era muy "mujerengo" y a ellas les gustaba mucho y su fama de "garañon" se alastró por la cuidad...

Como vivíamos muy cerca del Uruguay, donde el juego era libre, en la ciudad vecina de Rivera había un casino a papá le gustaba una vez y otra jugar a la ruleta y como as veces ganaba le dejó una buena impresión. Tenia el costumbre de llevar a nosotros, sus hijos, para que hiciéramos nuestros juegos, nos daba fichas de presente, nos regalaba fichas. De nosotros el único que jugaba mas en serio era el mas viejo, Luis Antonio, no sé de otros que jugasen también. A Luis Antonio le interesó a los juegos de carteo, como el poker y el bridge. Era un típico calavera. La grande parte de los hombres eran calaveras y algunas mujeres lo mismo. Jugaba-se a las carreras de caballos, eso mas en Uruguay que en Brasil. Papá lo mismo. Luis Antonio editaba El Turf.* Rio, 18.02.02

---

* Confesiones en Español. (N.O.)

Minha Mãe
["La Vieja"]*

Tenho setenta e dois anos.
Ainda lembro de minha mãe.
Há poucos que se lembram dela.
Sua geração toda, é claro, já se foi.
Mas toda a geração de seus filhos está aí.
Até agora, até hoje, mamãe,
não morreu nenhum.
Isso deve ser uma glória para ti, não é?
Teus filhos todos sobreviveram e ficaram velhos,
todos os teus oito filhos.
Com excessão do Carlinhos, é claro,
mas esse morreu tão cedo que só tu mesma
seria capaz de lembrar dele.
Nós, outros, só sabemos que ele existiu
por uns breves momentos e se foi,
deixando atrás de si vagos sentimentos,
coisas informuladas, talvez perguntas,
ou que poderiam ser perguntadas mas não foram .
Bem, é só isso, mamãe: ainda me lembro de você.
E você, será que se lembra de mim?

---

*Escrita em em homenagem à sua mãe, em 1999, no mesmo dia em que D. Innocência nasceu: trinta de março. Até esta edição, feita em 2012, seguiram o caminho de Linneu dois de seus irmãos: Luis Antonio e Clovis. (N.O).

O POEMÓDROMO

Nunca me sento
para escrever um poema
Eles é que me procuram
Vêm de repente
e eu os transcrevo
na minha caderneta,
o meu poemódromo,
Assim numa esquina,
tomando cafezinho,
andando de ônibus
Podem ser bobagem
Devem ser bobagem
Mas para mim é poesia
(Que posso fazer?...)

Insonia

No meu bairro
tem uma porção de meninos
(e outros não tão meninos,
e ainda mais outros
menos meninos ainda)
que dormem nas calçadas
de um jeito tão profundo,
tão entregues ao sono,
que não sentem o ardor do sol
batendo neles,
nem a dureza da pedra
sob o seu corpo,
nem os passos dos transeuntes
que quase pisam
ou mesmo pisam neles,
mas geralmente os evitam,
nem sequer olham para eles,
como se não estivessem ali.
Dizem que eles ficam assim
porque fumam uma substância
alucinógena, chamada crack
(assim mesmo, em inglês),
parecido com os futebolistas,
que depois viram craques
(assim, em português),
e a substância os transforma
em craques do sono.

QUEM SABE NÃO ESTARIA AÍ
A SOLUÇÃO PARA A MINHA INSÔNIA?

SP 12.04.00

Esquina Vitória/Guainazes

O moço do bar empurrou-a para fora
E ela deixou cair na calçada
O copo descartável que tinha na mão,
Já provavelmente sem bebida.
Quando ela fez menção de baixar as calças
Ele tornou a empurrá-la sem violência,
Dizendo: "Não, não aqui não".
Aí ela foi para detrás do telefone
Que tinha na esquina e, tranquilamente,
Baixou as calças, revelando a grande
bunda branca-azeitonada.
Os rapazes que passavam em motos
Saudaram-na com gritos de "oha! oha!"
Agachada, ela se aliviou ao ar livre
E eu entrei em estado poético.
Cagar é uma necessidade do ser humano.
Não esperei para vê-la erguer de novo as calças.
Seria muita falta de respeito.
Voltei para casa após uma longa caminhada
E caguei tranquilamente na minha privada,
Com todos os confortos da higiene moderna,
Como diria George Bernard Shaw.

SP 02. 10. 99

Vênus

A gente só queria
ser feliz
e acabou pegando
sífilis.

SP 29.01.00

Inverno

Sai de casa
com tanta roupa
que foi como se
não tivesse
saído de casa.

Meninos

Eles gostam de parar
- como garças –
um pé contra a parede.

O avesso do Cooper

Velhinha gorda pegando ônibus
explica ao motorista
que a espera pacientemente:
" Não posso correr po causa
do coração".

Metrô News

Quando eles começam
a se levantar no metrô
para lhe ceder o lugar
pode ter certeza
de que você está
irremediavelmente velho.

SP, s/d

Confissão

Ontem, encontrei um guarda-chuva
esquecido num ônibus.
Era igualzinho ao que esqueci
há dois dias num restaurante.
Achei esquisito pegá-lo para mim,
como se estivesse roubando,
e pensei no desapontamento
de quem o esqueceu ali
e teve de enfrentar a chuva sem ele.
Mesmo assim, levei-o para casa.

SP, 25.11.00

O Século

Chove.
O século começou carrancudo.
Mas também dizem que este ai
Não é o primeiro do Século 21
E sim o último do Século 20.
(Saudoso Século Vinte,
meu querido Século Vinte,
O século da minha infância,
da minha adolescência,
da minha juventude.
O meu século.
Enquanto esse Século Vinte e Um
é só o século da minha velhice,
e do meu fim...)

Também dizem que há dúvidas
Quanto ao ano em que nasceu
Jesus Cristo. Com raciocínios
do mesmo tipo que os do fim
e principio do século.
Seria preciso chamar
o Albert Einstein
para resolver isso.
Mas ele também já morreu.
Que século complicado,
O Vinte e Um...

Rio 01.01.00

Meu bairro

A minha rua transformou-se, aos domingos,
em feira de artigos para pintores.
Não os honestos pintores de paredes
que assim ganham a vida arduamente,
mas sobretudo para os pintores de quadros,
que provavelmente utilizam a pintura
como passatempo, hobby ou terapia.
A uma primeira visão superficial
notei que esse hábito desenvolve
nos homens uma tendência a criar barriga,
e nas mulheres, uma tendência à calvície.
Em breve teremos a Marquês de Itu,
nas manhãs de domingo,
povoada de homens barrigudos
e de mulheres carecas.
(ou será o contrário?)

SP, 21.03.00

São Paulo, meu amor

Há uma coisa boa no
fato de você morar
 em São Paulo:
Quando você sai
 de São Paulo
você se sente tão bem!

SP num sábado chuvoso de 18.03.00

O velho centro

Há uma porta
no centro de São Paulo
Avenida Ipiranga
quase esquina
São João
de ferro trabalhado
em belas volutas
em musgo verde
coberta de vidros
num prédio chamado
Independência
bem comercial.
Em nenhum lugar do mundo
nenhum centro
decaiu tanto
quanto o de São Paulo

e não adianta
querer mudá-lo
para a Avenida Paulista
ou a Faria Lima.
São lugares frios
desajeitados
cheirando a bairro.
Redutos inexpugnáveis
do mau gosto arquitetônico.
Só o velho centro
apesar de tudo
é bonito.
Só o velho centro
tem raízes na História
só clc fala ao coração
(pelo menos ao meu)

                                              SP 25.07.00

Cuidad

Buenos Aires é muito mais bonita
do que Londres, Paris y Nueva Jorque
put together
Eles não precisaram reformar a Times Square
(que já nem sequer tem mais o Times...)
nem construir aquele abominável arco quadrado
em La Villete (ou onde quer que seja!)
nem roubar dos egípcios a agulha de Cleopatra.
    They' re a gallant people
    that lives con dignidad
    su injusta decadéncia

Rio 30. 12. 99

Patrulha

Djalma Limonji Batista
amou "A vida é bela".
Djalma Limonji Batista
amou "Star wars – a ameaça fantasma".
São excentricidades de um gênio.
Agora, só
Djalma Limonji Batista
tem direito de amar tais filmes.
O resto da humanidade
deve colocá-los, caso os ame,
o que me parece improvável,
na categoria dos prazeres inconfessáveis.

SP, s/d

Destino

Muito cuidado na rua.
Hoje pode ser o seu dia
em que você vai pisar
no cocô do cachorro.

SP, s/d

A POLÍCIA I

Vamos dar um "apavoro" neles.

Rio 10.08. 99

A Polícia II

Pra que serve a polícia
pra gente fugir dela
uma vez que a polícia
entra em sua casa
depois de um assalto
você tem que dividir
com ela as suas posses
nunca se ouviu falar
até hoje que o produto
de um roubo
ou de um seqüestro
tenha sido devolvido a
seu possuidor inicial
sempre a coisa é no mínimo
dividida meio a meio
no caso do polícia é melhor fugir.
Lembre do Wittsism máximo
de Chico Buarque de Holanda
quando a policia entrou na sua casa
ele começa a gritar chamando o ladrão
chame o ladrão! Chame o ladrão!
a polícia só nos serve para
aquele desabafo inicial:
vou chamar a polícia
que não deve ser posto em prática
que então é um enredo
num beco sem saída.

Rio 19.02.02

Dos jornais

Dizem que quanto mais o garo-
tão chora, mais ele rouba
é preciso descobrir um jeito de es-
tancar suas lágrimas
ele se chama Edmundo dos Santos Silva
e vai fazer o seu time antes de luxo
jogar uma partida a um real a entrada.
Mais lágrimas vêm por aí.
As de crocodilo são sinceras em comparação
Edmundo está pra cair de seu cargo de presidente
aí as lágrimas estancarão
Edmundo vai ficar sóbrio da noite pro dia
seu choro de mulher à toa aqui perto no Mangue.
Dizem que ele vai passar a ser figura decorativa
será a nova Hécuba do Flamen-
go se desfazendo em choro
Chora Hécuba! O que faz Hécuba chorar ca-
nais lacrimais muito frouxos relaxados se
desfazem em água a qualquer impulso
Chora Edmundo!
Que chora seus males espanta. E pa-
rece que ninguém vai pegar
O dinheirinho que você abocanhou.
Parece que as lágrimas formam
uma cortina de fumaça.
Uma cobertura da situação real.
Cry baby, cry!...

Rio, 22.03.02

Aprendizado

O homem que me abriu
um coco esta manhã
tem dois dedos cortados
na mão esquerda.
Provavelmente descepo-os
quando estava aprendendo
a abrir cocos.

Rio 27.12.99

Business

Atravesso a Visconde de Pirajá.
Os motores fervem,
ameaçadores,
prontos pro arranque,
antes que as buzinas reclamem.
Buzines
before pleasure.

Rio 27. 12.99

Bandeira

Cigarras.
O som do verão.
Cadê as formigas?
Estão todas deitadas,
Estão todas dormindo
Profundamente.

Como podem, com essa zoeira?

Rio 30. 12. 99

Vozes

– Viado! Viado!
	(Não olhe! Vão
pensar que é com você...)

                              Rio, 21.03.00

A POESIA

Encontrei um poeta que gosta de palavras bonitas:
anacoreta, holofote, fotossintesis, malfeitor.
Quero mais é que ele enfie no cu as palavras bonitas.
Que fique só a palavra se não for preferível
ficar em silencio.

(Bonito verso: eu quero mais é que ele enfie no cu
as palavras bonitas... cu tem assento?)

Rio 22.03.00

Pitta pepita

Minha visita ao prefeito Pitta
em nome da futura Fundação
Centro Cultural São Paulo.

Às vezes é preciso enfiar a mão na merda
para tentar extrair dela
uma pepita de ouro.

São Paulo 15.04.00

As estações

Inverno,
é quando as mulheres
começam a andar na rua
de salto alto,
calça comprida,
e braços cruzados,
arriscando levar um tropicão
e cair de cara no chão,
só por esse aconchego.

SP 20.04.00

2000

Acho horrível esse ano
que termina em 00
espero que ele passe
 logo.

SP 24.04.00

As Veras

Muitas mulheres se dizem veras

(mas há quem diga que elas mentem)

SP 24.04.00

The cheater

I once loved a woman
Who died many years ago.
I left her as if she was lefting me,
I left her as if I couldn't help it,
By force of destiny, as it were.
Now I am alone, growing old,
And I live in a small apartment
With some memories of her.
Other memories come to me as I hear songs
Or think of her, by chance or coincidence.
And sometimes I feel her presence around me,
And I hear her voice, lamenting and accusing me:
" You said it was to be forever", she says,
and I cry, and I say: "be quiet, it's all over now,
nothing can be done, what is past is past,
there's no returning, please forgive me,
and let me forget". But she is always here,
inside my mind and in my heart,
and she will never go, and she will come
to take me with her, as the moment comes,
that moment I try to delay as much as I can.

SP 17. 05. 00

O ITALIANINHO

Quando chegamos em São Paulo
a gente não conhecia ninguém
tinha um italianinho
da Companhia da Cacilda
que se chamava Giancarlo Bortolotti,
e era uma gracinha
e se apaixonou por nós de cara.
Aliás, se apaixonou pela Lilian
a Lilian percebeu e não tratou ele mal
imagina um técnico da Companhia se
apaixonar por ela.
A Companhia tinha muito senso de hierarquia
e de graduação hierárquica de quem era ator
e de quem era funcionário. Giancarlo era um
mero técnico de luzes muito eficiente,
muito bom, sabia tudo sobre o assunto
ele nos ajudou a vida toda, cada vez que
a gente voltava para um espetáculo ele
fazia a luz pra nós e não cobrava nada.
Ele emprestava os refletores, e não cobrava
nada. Ele emprestou os refletores para o meu
espetáculo"Minha'Alma, Alma Minha" e não cobrou
nada.
Ele fazia a luz de todos os espetáculos da Cacilda.
Cacilda e Walmor eram muito exigentes em matéria de
qualidade. Nós não conhecíamos nada em São Paulo.
Nada da vida noturna. Na noite em que estreamos
nossa peça ("Onde Canta o sabiá"), Walmor e Cacilda
nos convidaram para um jantar no Gigetto, que era o

restaurante da moda entre as pessoas de teatro. Havia o hábito de jantar fora assim que se terminava uma sessão de teatro e havia poucos restaurantes frequentados pela gente de teatro. Nós chegávamos em São Paulo, onde a comida era diferente do Rio, onde a comida era totalmente diferente de Porto Alegre. Em Porto Alegre não existia pizza até nós sairmos de lá e não existia comida árabe e Giancarlo foi nos apresentando estas coisas, que a Lilian gostava muito. Era comida que se podia comer tomando cerveja e ela adorava cerveja. Quando íamos nos restaurantes da moda, com ou sem o elenco da Companhia, havia o problema de rachar a conta porque cada um pedia as suas coisas que aumentavam o preço total da nota, nós tratávamos de manter a nota num nível mais baixo possível. Raramente saíamos com os chefes da Companhia, porque aí eles se encarregavam do preço total da nota e nós não queríamos que eles pagassem, queríamos rachar, e raríssimas vezes eles aceitavam isso.

A Lilian não gostava. A Lilian gostava de pedir o que ela queria, de vez em quando pedia cerveja, até mesmo vinho, e havia uma coisa em São Paulo, sobretudo no Gigetto, apareciam colegas de trabalho de outras companhias que não tinham mesa onde sentar e pediam licença para sentar na nossa, na base de rachar a conta, e nós tínhamos que aceitar, muito a contragosto, aqueles estranhos que nos forçavam a sua companhia. O Giancarlo estava sempre com a gente e como ele ganhava mais na Companhia, às vezes fazia questão de nos pagar a conta e nós accitávamos, apesar de ser evidente o amor dele pela Lilian. Ficava esquisito, não ficava? O amor dele pela Julinha era enorme também. Era inesgotável. Depois a Cacilda teve o treco dela. Nós passamos, quase todos, a morar no hospital. No Hospital São Luiz. Inclusive a Lilian, e sobretudo Giancarlo, que amava profundamente a Cacilda, por motivos artísticos, e tinha a sua vida profissional muito ligada à dela. Cada nova peça que ela montava, e ela montava com muita frequência, ele era convocado para fazer o plano de luz e também o de som. Essa parte do som ele foi delegando aos poucos a seu filho mais velho. A luz ele fazia com o Ziembinski. Anos depois eu encontrei o Giancarlo com seu lindo e abundante cabelo inteiramente branco. Ficava engraçado vê-lo com aquele cabelo branco todo espetado, que era como era o seu cabelo natural. Quando veio a morte da Lilian ele falou comigo, em termos muito afetuosos. Eu não sabia o que significava aquele morte para ele. Foi um caso de amor por uma mulher casada, mas eu e a Lilian não tínhamos essa atitude de casados, podíamos aceitar perfeitamente o amor daquele rapaz que nós admirávamos muito. O Ziembinski era um grande mestre em matéria de teatro, mestre de iluminação e de sonoplastia e isso o Giancarlo foi absorvendo em seu trabalho lá na Companhia da Cacilda. Ele foi o único herdeiro que o Ziembinski teve. Eu soube algumas vezes em que ele esteve doente e não fui procurá-lo. A sua sede, a sede de seu trabalho era uma pequena oficina na rua Conselheiro Carrão e sempre que eu precisava dele ia procurá-lo ali e encontrava sempre uma recepção muito carinhosa.

Eu acho que ele me associava à paixão que ele sentia pela Lilian.

Eu gostaria de ter falado este assunto com a Lilian, gostaria de saber a opinião dela. Ela era uma pessoa muito franca e muito verdadeira, se ela tivesse tido algum contato físico com ele, ela me contaria. Não sei se a Juju lembra alguma coisa desse pobre moço vítima da paixão. Ele veio da Itália para morrer de paixão no Brasil.

Rio 20.06.02

Poema para ler

O meu amigo Guiseppe Aquino,
que era conhecido como Zeca
nos tempos da faculdade,
mudou se primeiro nome
quando ingressou na carreira artística,
conservando, porém, o segundo.
Esse Aquino me trás recordações
da pós-infância – doze para treze anos –
quando nos reuníamos para inventar
nomes pitorescos,
sempre com Aquino no meio.
Havia o taxista Joaquim,
cujos demais nomes eram
Passos Dias Aguiar Aquino Brasil,
e havia outro, meio pornográfico
(pro nosso gosto infantil)
que rezava assim: Jacinto
Leite Aquino Rego.
Bom, velho Aquino!

SP 19.06.00

Para o Lenine

Pensa que você me engana
com essa história de que
a lua está te chamando e
que hoje você tem que sair só?
Sei muito bem o que você
vai fazer na rua, seu malandro!

SP 01.06.00

O ATROPELADO

Uma vez fui atropelado.
Estava em Porto Alegre.
Bati num ônibus
que vinha a toda
para recolher-se ao seu ponto final.

Não foi um encontro frontal.
Foi como que de raspão.
Mas fui jogado ao chão.
Papéis, moedas, óculos
saltaram de meus bolsos
e eu pensei:
"Enfim, fui atropelado.
Um dia ia acontecer.
Chegou a minha vez".

Enquanto pensava isso, tentei recolher-me
e o motorista e o cobrador, assustados,
correram para me ajudar.
Era um lugar ermo, sob viadutos.
no meio da manhã ensolarada.
Não houve aglomeração de gente.

Estava todo arrumado.
barbeado, banhado,
de paletó e gravata,
mas nada foi rasgado,
nem o sapato arranhado.
Eles me ergueram a me ajudaram
a recuperar minhas coisas
espalhadas no chão.

Preocupava-os a responsabilidade
da qual os eximi:
fui eu o culpado.
Enfiaram-me no ônibus vazio
para levar-me a um hospital
distante como o diabo,
que era conveniado da firma,
algo assim como Canoas
ou São Leopoldo.

A viagem parecia não terminar
e meu braço esquerdo, que bateu no bus,
doía pra burro, até pra cachorro, ou mais,
e fui obrigado a gemer algumas vezes,
o que os assustou ainda mais.
Gente boa, trabalhadores, gente do povo,
que ia ajudar este pobre velho imprudente.

No pronto-socorro, um jovem médico
me examinou, me radiografou e disse:
nada havia sido quebrado. Aplicou-me
uma injeção e me despachou com o motorista
- outro motorista – que me aguardava num carro.
Voltei ao hotel, descansei, me recompus
e fui almoçar com amigos
num restaurante do centro da cidade,
ainda com os sons do ocorrido em meus ouvidos
e a lembrança do choque em meu corpo.

Não disse uma palavra sobre isso a ninguém.
Esta é a primeira vez que me abro sobre o caso,
como se fosse um vexame inconfessável
que eu teria de guardar para sempre,
só para mim.

SP 24.09.00

Do lodo nasceu uma flor

Hoje, no teatro,
é muito difícil
"épater les burgeois",
sobretudo porque
"les burgeois"
não vão ao teatro.
Pensam que vão
mas o que vêem
é só bobagem.
Tal merda é necessária
para que dela brote um dia
o verdadeiro teatro.

Bortolotto manja
o verdadeiro teatro.
Basta seu jeito
de pisar em cena
pra se ver que ele sabe.
Mas se o burguês for vê-lo
talvez não goste.
É no Centro Cultural,
aquele lugar sórdido,
soturno e sinistro
inda mais no porão.
E ficará sem saber
o verdadeiro teatro.
Será que eu sei?
Digamos que seja
algo que é feito

com força e alegria,
raiva, dor, ironia,
sarcasmo, gozação,
espinafração!
Ferocidade, violência
e agressão...
Sabedoria e ignorância,
ingenuidade e esperteza,
suor e cansaço
preguiça e carinho,
maldade e brincadeira,
deboche e sacanagem
e muito, muito sexo,
e quem sabe até ternura.
E mais a angustia,
o sofrimento que a vida
nos dá. Deu pra sacar?

Bortolotto tem suas raízes e mestres
mas tem também algo novo para dizer.
E porque tem algo novo para dizer
soube captar nos que o cercam
o prazer de transmitir essa novidade.
Aí estão os atores de Bortolotto,
chusma heróica, almas irmãs,
que sabem falar a sua língua
e se desembaraçar com a sua displicência
que fica também sendo a deles
e fica também sendo a nossa,
ao vê-los.

SP 7.10.00 acompanhando a temporada
do Grupo Cemitério de Automóveis
ao longo de sua temporada no CCSP.

A pele

Este negócio de sexo
É como se fosse uma fome
do corpo inteiro.

São Paulo 08.07.00

O tempo

Passei há pouco
pelo lugar onde
nos conhecemos.
E revi outra vez
a sua carinha.
Então percebi
Que havia esquecido
 você.

São Paulo, 16.08.00

Visitas

Barriga cheia
Pé na estrada

SP 11.10.00

Brazil today

Passei hoje pelo Viaduto Maria Paula.
Ali em frente da Câmara dos Vereadores
um lugar notório pela corrupção,
uma fila de homens – poucas mulheres –
sentados ou encostados na ponte,
imagem do cansaço e da humilhação
que guarda ainda algo do antigo orgulho
de trabalhadores. São desempregados
à espera de um lanche que lhes será dado.
Há tempos eu não sentia, assim,
tanta vontade de chorar.

SP 11.10.00

A GUERRA DOS MUNDOS

Quando existia os EUA
e a União Soviética
nós éramos o Terceiro Mundo.
E agora?
Continuamos sendo o Terceiro Mundo
mesmo que o Segundo
tenha vindo se juntar a nós.
O Primeiro Mundo precisa de nós
para ter uma idéia de quanto eles estão bem...

SP 11.11.00

O capitão Guy Dugli

O comandante elogiou
o belíssimo céu estrelado
que ia nos acompanhar
durante a viagem,
e a lua crescente
que logo irá explodir
numa lua cheia.
Embora essa última imagem
seja especialmente poética
não creio que a palavra explodir
deva ser pronunciada por um piloto
no começo da viagem

Vôo 4036 da Vasp em 06.12.00

Na loja

Uma senhora (provavelmente se fazendo de engraçadinha)

Diz:
Bom dia! Você tem o que eu quero?

 O lojista (certamente dando uma de malandro)
Responde:

Claro, aqui temos tudo o que a senhora quer.

Vassouras, 10.06.01

No caminho de Vassouras

Dia tão claro
parece que eu
recuperei a visão
sem tê-la ainda perdido
(está a caminho)...
É o que há de bonito isto aqui.
Casas encarapitadas no morro
e a ruinha, o que há de larga.
Os versos vem vindo.
Se vem outro, a gente escreve
se não fica assim mesmo.
No balanço da van
(Vã esperança)!
Só vale o que vem do coração
O motorista é prático
O trevo só é bonito
porque anuncia a chegada
Agora é logo ali!

Paracaiba, RJ 14.06.01 (*)

---

*Durante as gravações da minissérie "Anita"(N.O.)

OS CAMELÔS

são pessoas muito desagradáveis
Eles têm problemas
e querem resolvê-los
às custas de todo o resto da população.

Eles se apossam das ruas
na maior cara de pau.
Tem uma calçadinha aí?
é minha!

Você está tendo dificuldade para passar?
Não tô nem aí com isso.
Vire-se, ande pelo meio da rua.
Seja atropelado, faça o que quiser,
mas daqui não saio.

E se você reclamar
(não se atreva!)
eles arrebentam com você,
pois são muito violentos,
brabos e mal-educados.
Experimente pisar na mercadoria
que eles estendem no chão.
Você não estará inteiro
para contar a história.

Quer dizer que eles
vão ficar pra sempre,
e vai ser sempre assim?

Parece...

O governo diz que os camelôs
São um "fait accompli",
E que, no máximo, se pode
tentar regulamentá-los.
Mas, por que?

Há pouco tempo, eu lembro,
não havia nenhum camelô
a não ser o Silvio Santos

E agora essa invasão
chegou pra ficar
pra sempre?

Quer dizer que o meu ideal
de ver a cidade sem
um único camelô
em lugar nenhum
terá de ser relegado
ao mundo das coisas
impossíveis, com as quais
temos que nos resignar
para sempre?

E se eu não gostar
que faça como os incomodados,
e se retire?
E se eu não posso
me retirar? Tenho de agüentar
aquelas caras todo o dia.

Vendendo quinquilharias
que não servem pra ninguém
(mas sempre tem um idiota
que compre?)

Devo aceitar resignadamente
esse destino, e viver cercado
de horrores até o fim da minha
vida? E ninguém vai fazer nada?

Quer dizer, além de regulamentá-los,
e eles se deixarão regulamentar?
E não me venham dizer
que são desempregados!
Que se empregue, pois!
E saiam das ruas!
A rua não é deles!
Não é terra de ninguém!
A rua é de todos!

Todo homem tem uma parcela
ideal da rua para si.
Eu quero a minha!
Vou morrer gritando isso!
Claro que não em público,
mas na serenidade de meu papel,
da minha caneta, do meu quarto,
que – graças a Deus! – ainda
não foi invadido pelos camelôs.

Esse negócio do desemprego
é coisa do nosso presidente.

Ele é muito bonzinho, nos
livrou da inflação, muito
obrigado, mas abriu os portos,
à maneira de D. João VI
retirou a proteção de nossas
indústrias, caiu no papo-furado
dos free-traders – free
para eles, para nós, os traders –
vendeu todas as nossas empresas
a troco de algo que já sumiu
no espaço e se entregou de corpo
e alma nos braços do capitalismo
especulativo! Vão reclamar com ele
e me deixem em paz e deixem em paz
as nossas ruas!

Rio, 18.12.00

Sinto

Hoje é dia
De eu me apaixonar
(que perigo!)

Rio 23.12.00

Ressaca

Hoje eu posso sair
Tranqüilamente à
rua.
Hoje não é dia de
Me apaixonar.
Foi ontem...

Fraternidade

Quando eles te chamam
de "meu amigo",
aí vem coisa.
Mas quando te chamam
de brother,
Não há mais remédio.

Rio 23.12.00

Saco

O saco cheio
pelo menos
fica em pé.

Rio 23.12.00

História de uma doença

Vovô ainda tem torções no rosto
que são bem mais
fracas
do que a primeira
violentíssima
mas ainda surgem
possibilidades de sua
volta.
Porque
Vovô crê ter uma
causa estes tremores.
Algum gesto
equivocado
alguma palavra
 errada...?
Sabe-se lá?
E o rosto do vovô volta
a tremer pelo menos umas
quatro vezes ao dia!...
Começa na bochecha esquerda
vai para o lábio e o
queixo, sobe pelo nariz
vai ao olho esquerdo
pestaneja nas pálpebras
sobe num filete
pela testa
e se aperta na boca.
Vai passando aos poucos
depois de toda essa

extravagância,
mas continua!...
São movimentos espasmódicos,
são sísmicos, sugerem um
terremoto por baixo.
Vovô teme o retorno do primeiro
surto que esse assim será final.
Observemos o velho
tremiliqueiro.
Vai ser de agora em diante? Este
menos ou mais? Difícil dizer. Treme.
É um território sísmico que não está
em paz. Treme. Deixe-o

tremer! Um dia passará?
é o que espero. Sem
muito fundamento.
Causando terror aos amigos
e a mim próprio.

RJ, 15.05.02

Doença

A noite vem como um temor
e todas as sugestões de ir ao
banheiro tem que ser atendidas.
Como é bom ver raiar a manhã
é sinal de que você sobreviveu
mais aquela noite.

Rio 15. 10. 01.

Luki

A última vez que conversamos
achei que você estava
mentindo para mim.

Depois achei muito lisongeiro
que você sse achasse na obrigação
de mentir para mim.

SP, 13.04.00

Assassinos

> "Anybody on the streets
> has murder in his eyes"
> Steely Dan

Cuidado ao atravessar a rua,
mesmo com o sinal verde a seu favor.
Lá vem uma bicicleta assassina.
As calçadas também estão povoadas
de bicicletas assassinas.
Todas as bicicletas são assassinas?
Provavelmente... Mas há também
os carrinhos de mão assassinos.
Há também as motos oportunistas,
mas isso é outra história.
(E que história:)
Já os táxis não são assassinos.
Seria contraprudente da parte deles
eliminar fregueses em potencial.
É só por isso que não nos matam,
porque vontade eles têm, e muita:
Já os ônibus é outra história.
(E que história:)

Rio, 19.03.00

TEMA COM DIGRESSÕES

O relógio – aquele de rua
que dá a hora e a temperatura –
da esquina da Vieira Souto
com a Farme de Amoedo
- que nome! –
marcava oito horas
e dezoito minutos da manhã
e vinte e oito graus de calor.
Já na esquina da Vieira Souto
com a Vinícius de Moraes
(a antiga Montenegro:
seria um antepassado da Fernanda
ou um mero país europeu?)
o outro relógio marcava
oito horas e vinte e três minutos
e vinte e seis graus de calor.
Portanto, eu levei cinco minutos,
no meu passinho de urubu malandro,
para ir da Farme à Vinícius
pela Avenida Vieira Souto.
Porém o mais incrível é que a temperatura
caiu dois graus durante aquele percurso.
Como se explica o calor da Farme
sendo temperado, poucos passos depois
pela brisa da Vinícius?
(Não me digam que se trata
de um problema mecânico dos relógios
porque não aceito esse tipo de explicação).
Mais curioso ainda é que o relógio

da esquina da Vinicius com a Prudente de Moraes
(sabia que eles saõ parentes
e sempre que se cruzam ali
se dizem bom-dia?)
marcava oito horas e vinte e seis minutos
e vinte e seis graus de temperatura,
igual ao da Vinicius com a Vieira,
apenas com uma leve diferença de tempo.
Vejam como é o espírito de família.
Perfeita harmonia e concordância entre eles,
O Vinicius de Moraes e o Prudente de Moraes,
o que parece simplesmente não acontecer
entre o Vinicius e o Farme de Amoedo
(quem é ele, quem é ele? – como diria
a Adriana Calcanhoto). E o que terá
o Vieira Souto, com o seu cinismo,
a ver com isso? (Perdão: o cinismo
é da Vieira Souto, não do Vieira Souto,
conforme a opinião da Marina Lima).
O prudente de Moraes diz: "Bom-dia, Vinicius",
e o Vinicius responde: "Bom-dia, dr. Prudente",
porque ele é muito respeitador dos mais velhos
e, afinal de contas, o primo foi Presidente
da República, e dizem que impoluto, vejam só...
Um dia, na frente do Hotel del
Rey, em Belo Horizonte,
às quatro horas da tarde (eran las cuatro de la tarde!)
o Vinícius, nem gesto fraternal, afa-
gou-me a bochecha direita,
pelo que lhe fiquei muito agrade-
cido e numa mais lavei
– teoricamente   aquele lado do rosto.

Rio 08.03.00

Celular

- Ôi!
- Ôi ! Desulpe...
pensei que a senhorita
estava falando comigo.

SP 20.06.00

O Senhor Governador

E tivemos também o governador Covas
– aquele do sapo escondido na garganta -
que constumava dispensar a segurança
e sair por aí dando a cara a tapa.
E foi exatamente o que ele conseguiu:
tapas, bofetões, pontapés, empurrões,
cacetadas e ovos podres na testa,
nesta época em que finalmente os políticos
estão começando a receber o que merecem.
O que ele pretendia com isso, ninguém sabe.
Será que quis dar uma de machão
e dizer que não tinha medo do povão?
Ou apenas que era mais um da legião
dos que só têm titica de galinha na cabeça?

SP 03.11.00

Vozes femininas

(Frase ouvida pouco antes de começar
uma sessão de "Dançando no escuro"):
- Se não gostar, não me culpe!

(Outra voz, ao apagar das luzes):
- Ai, não estou enxergando nada!

(Mais outra, um tempo depois):
- Preciso achar um lugar...

(Como as mulheres sofrem...)

SP 27.11.00

Olho

Muito cuidado
pra onde você
olha na rua.
Você pode ficar
– num átimo: –
enrabichado
pro resto
da vida...

SP, 07.11.00

Coisas da vida

O meu barbeiro,
um tipo muito simpático,
me faz a barba
apoiando a barriguinha quente
no meu braço direito,
tão absorvido em seu trabalho
que não sente nada.
Mas eu não posso retirar o braço
senão ele pode pensar
que eu estou sentindo alguma coisa.

SP 06.11.00

Politicamente incorreto

Sempre que eu ouvia a Cassia Eller
cantar no rádio eu me perguntava:
"Quem é esse novo rapaz que surgiu
na música popular brasileira?"
Logo soube que era a Cassia Eller.

Parecido se deu com o Tim Maia.
A primeira vez que eu ouvi ele
cantar "Wave" em inglês, no rádio,
perguntei-me: "Quem é esse novo
criolo que pintou na música americana?"
Logo fiquei sabendo que era o Tim Maia.

Quanto ao criolo, antes de ouvi-lo em inglês,
eu achava que o Tim Maia era branco,
só que um pouco queimado do sol.

SP 09.10.00

Henri

Entrei numa loja de molduras
e encontrei uma moça
que estava mandanda emoldurar
um quadro psicografado
do Henri de Toulouse-Lautrec.
Bem que eu tinha reparado
quando entrei
que a tela estendida na mesa
paracia um close da Jane Avril
com uma assinatura do Henri
que parecia uma marca de gado.
A moça me contou que o quadro
não só fora psicografado,
mas pintado com o pé direito.
E lá vai o pobre Toulouse
metendo os pés pelas mãos !

SP 09.10.00

Homenagem

Eu gosto do Mario Bortolotto.
Nas suas peças nunca se ouve
palavras como "gratificante",
"prazeroso", "parabenizar",
"resgatar" (a não ser em seqüêstro).
"leque" (a não ser pra se abanar),
"melhor organizado", "melhor educado",
"melhor preparado", nem qualquer outro
particípio com aquele aumentativo.
Não se diz "chego" em vez de "chegado,
nem se "privilegia" coisa alguma,
nem se diz "da melhor qualidade",
ninguém se acha "com tudo que tem direito",
nem se fala "dicotomia" (coisa mais feia),
não se "equaciona" seja o que for,
nem se acha nada "irretocável",
e nunca tem "veja bem" nem "até porque".
Mas sobretudo não tem uma coisa
que nem dá vontade de falar.
Não tem... ugh... metáfora:
É, o Bortolotto pode ser dark
e amigo do Charles Bukowski,
mas tem bom gosto

SP 05.10.00

12.01.82

Eu estava no saguão de um hotel de Lisboa,
esperando companhia que me levasse para jantar,
quando ouvi a notícia na televisão.
Fiquei tão chocado que rompi relações com ela.
Como era possível que me deixasse assim,
desse jeito, tão de repente?
Nunca mais quis falar com ela,
isso não se faz.
Passei um tempão sem poder ouví-la.
Estava de mal com ela,
a quem nunca tinha visto pessoalmente,
a não ser em shows.
(Lembra daquele do Maria Della Costa?
... são dois pra cá, dois pra lá... Dejaste
abandonada la ilusión
que habia en mi corazón
por ti...
Chu riu ru
chiu ri ru ru
ru ru ru ru...
Até que um dia voltei a ouví-la, quase sem querer,
e o meu amor voltou a ser per-
feito através do perdão.
Eu consegui perdoá-la, afinal é o destino de nós todos.
E hoje, cada vez que a ouço, é como se fosse
pela primeira vez.

(SP 04.09.00 – ouvindo "Madalena" no rádio).

A imagem do Progresso

Engraçado...
Jânio Quadros era
um perfeito imbecil.
Mas ele se esforçava
para cuidar da cidade.
Ele amava Londres
para onde viajava muito
(com que dinheiro?)
e queria que tivéssemos
ônibus vermelhos
de dois andares,
igualzinho a Londres.

Isso, para ele, era
a imagem do progesso.

São Paulo teve que aguentar
muitos idiotas.
Não é de estranhar
que esteja mal.

SP 03.08.00

O QUE TE ESPERA

Quem é esse William Morris?
Nunca ouvi falar nele...
Oh, como a senhora é feliz, e o quanto a invejo!
Não conhece William Morris, quer dizer, ainda tem pela frente
aguardando-a o prazer de conhecê-lo
(pleased to meet you, Mr. Morris!)
e quanto que, para mim, isso já é coisa do passado,
embora o prazer sempre perdure
e o que será que ainda me espera?
Outras revelações
esperando-me no futuro?
(cá entre nós, minha senhora, e que ninguém nos ouça
eu acho que por mais absurdo que pareça
quem não conhece William Morris
não merece viver...)

Rio 01.01.01.

Morangos e canetas

Os japoneses que inventaram o super-morango
enorme e vermelho
como uma glande ensangüentada,
dura e sem gosto,
ou com gosto de matéria plástica
e absolutamente não biodegradável,
por que não inventam
uma caneta bic
que escreva imediatamente
como as canetas-tinteiro
de antigamente?

O NOME

Eu gosto de saber
o nome das plantas
e das árvores.
Mas nunca sei
nem encontro ninguém
capaz de dizê-los.
Sou levado a concluir
que ninguém sabe
o nome das plantas,
exceto, é claro,
o meu chará Linnaeus;
mas ele descobriu tantos
e inventou muitos mais
que não dá pra lembrar.

Na Rua Rui Barbosa,
por exemplo,
tem uma espécie da palmeira
de folhas estilhaçadas
(bonita comparação)
verde-escuras,
no topo das quais,
bem no topo,
nasce um cacho
de belas flores brancas.
      Tem uma porção dessas
palmeiras que se revezam
com roxas quaresmeiras.
Mas lá vou eu, ou alguém,
saber o nome delas.

SP 12.01.01

As nuvens

Está tudo nas nuvens.
Elas flutuam ou repousam,
esculpidas nas alturas.
Serenas, ó tão serenas.
Já se foi muitas vezes
além das nuvens
mas só para descobrir
que estamos sozinhos
o que será bem difícil
para um ser humano
acomodar-se
além das nuvens.
Vejam a parafernália
necessária para se ficar
um par de minutos na lua
apesar do otimismo dos Paralamas.
Estamos sozinhos no universo,
algo além que se expande
é aí que um teólogo esperto
pode entrar, se quiser, e achar Deus,
boiando no espaço,
além, atrás e dos lados do universo.
Além do universo.

SP 16.01.01

L' amour

Denis, o insopitável,
encontrou-se com
Chico, o opíparo,
o que produziu,
uma reação irresistível.

SP 21.01.01

O Velho Paulo

O Paulo Hecker Filho
é um escorpião.
Por mais que queiramos
dar carona a ele
em nosso coração,
ele tem que cravar
em nós o seu ferrão.
É a sua natureza.

Pobre Paulo
sua missão na vida
tem sido dizer coisas desagradáveis às pessoas
ele desconhece a noção ou se recusa a conhecer
da mentira piedosa sem a qual a humanidade
não pode subsistir
Pois, como dizia Hamlet,
se tratarmos cada um
de acordo com o seu merecimento,
quem escaparia ao chicote?
Oh, Paulo, onde é que está: "The
milk of human kindness?
O Érico Veríssimo disse uma vez que
você era o Greggers Werle
E o Érico era uma sábia criatura.

SP 23.01.01

Os extremos

Sou contra a indignação moral.
Os moralmente indignados desabafam
e deixam o serviço sujo pros outros.
As coisas devem "ser", pelo contrário,
encaradas com frieza e indiferença
pois é assim que elas são.

Quando alguém começa a dar vazão
à sua indignação moral
eu vou embora,
porque isso me cansa muito.
Vou respirar a brisa suave
da dignação imoral.

E sento-me suavemente
à mesa delicada da dignação imoral.
As coisas olhadas sem ênfase
não são tristes nem alegres.
São apenas as coisas.

SP 23.01.01

A VINGANÇA DO PORTEIRO

Tenho de repetir
pelo menos duas vezes
tudo o que digo
ao zelador do meu prédio

Primeiro pensei que a culpa
fosse da minha dicção.
Depois descobri com o tempo
que tudo que ele ouvia
tinha de passar pelo filtro
das suas dúvidas e cálculos

Ele se pergunta mentalmente
"que é que eu ganho com isso?"
ou "não é pra ganhar nada?"
ou "que vantagem Maria leva?

Assim, por astúcia
me submete a tortura
de ter que falar tudo,
pelo menos duas vezes...

Claro, não ganha nunca
mas resta sempre a esperança.
Que eu perca tempo
mas isso pouco lhe importa!

SP 25.01.01

A chuva

Agora ácida
Ainda lava a cidade
senão a alma

SP 26.01.01

Impasse

Uma pessoa educada
jamais moraria
na Barra da Tijuca

SP 26.01.01

Impasse II

São Paulo tem muitos viadutos,
túneis e avenidas
mas não adianta nada
a cidade continua e continuará
sempre congestionada.

SP 28.01.01

Ditado

O inimigo do bom
É o melhor

SP 02.02.01

Paradoxo catalão

Naquele hotel de Barcelona
eu me sentia feliz
por estar infeliz.

SP 22.02.01

A Tempestade

A tempestade de hoje
seria de inspirar um
novo Beethoven
(se a música de hoje em
dia não fosse incapaz
de abrigar qualquer
inspiração).

Que entrechoque de pratos!
Que retinir de tímpanos!
Que rufar de tambores!
Que rugidos de tout
 ensemble!
Que lampejos de raios
 rasgando as cortinas
da eternidade
Que ribombar de
 tambores
que massa sonora
de água jorrando
do alto sem parar.
Deus hoje não só
 estava histérico,
mas também poderoso
 e grandiloquente.
Salve, salve, senhor
 das alturas!
Rebenta em nosso peito
 tua fúria!

Abala-te sobre nós sem
piedade
sempre que seja esse
teu dilúvio molhado
sem a dilaceração das
bombas
sem os hidrogênios de
Hiroshima
e os oxigênios de
Nagasaki
sem o rasgar de carnes
de Verdun e Sarajevo
sem as farras de sangue
de Auschwitz
Sem a crueldade
inominável dos sérvios
nem a covardia alucinada
dos israelenses
Só tu, Deus
com a tua grandeza
úmida
lava-nos, redime-nos
salva-nos,
chama Noé outra vez
e nos leva a pousar
no alto dos montes
com o ramo da paz
em vossos bicos!
Oh, Deus selvagem
docemente selvagem...

SP 24. 02. 01

Rock'n Roll

Quando a garotada
resolveu assumir
na cara e na coragem
sem medo e sem vergonha
toda a titica de galinha
que tinha na cabeça
nasceu o rock n'roll.
Deu certo (entre os jovens).
Mas nem por isso deixou de ser
titica de galinha
(a surpresa é que, na verdade
alguns eram músicos...)

SP 06.04.01

À MARIAJOSEDECARVALHO

Quem ela era
Uma atriz?
Uma cantora?
Uma declamadora?
Uma professora de técnica vocal?
Uma professora de técnica vocal.
Palavras bem pronunciadas
Sílabas escandidas
Mulher exótica
Voz grave e profunda
Boca cheia de palavrões
Imagino-a ensinando a seus alunos
Como dizer: vá tomar no cu!
Para dizer a palavra cu
É preciso comprimir os lábios
Num pequeno círculo
E assoprar através desse círculo
Como se fosse um peido
Cu!

Ai, quanto refinamento!

SP, s/d

Canto digno de ser admirado

D. Patrícia Palumbo disse na rádio em 7 de julho de 1999, que D. Gal Costa ia cantar "Camisa amarela", um dos maiores sucessos de Carmen Miranda (uma das!) rainhas da nossa música popular do passado (do passado!), que também costumava cantar os sambas--exaltação de Ari Barroso e Assis Valente. Acontece que Carmen nunca cantou "Camisa amarela". Cantou, sim, "Camisa listrada", que era do Assis Valente, mas não era samba-exaltação.

Ela jamais cantou um samba-exaltação embora o mais famoso deles – "Aquarela do Brasil" – fosse do seu querido Ari Barroso.

Em 1940, quando ela voltou ao Brasil (toda de verde amarelo, mas de veludo), seu amigo Assis Valente lhe ofereceu seu samba-exaltação, "Brasil pandeiro", que ele tinha acabado de compor especialmente para ela!

Carmen, com toda a delicadeza de que ela era capaz (e com toda a delicadeza de que é capaz um ser humano), lhe disse: — Assis, não é para mim...

Mais tarde Assis se matou bebendo formicida (depois de ter se atirado várias vezes do Pão de Açúcar). Mas ninguém sabe se foi por causa daquilo.

Mas se a Carmen me dissesse não, por mais delicada que fosse, eu também me matava.

Poema do Juqueri

Estou esperando que me chamem para filmar
deitado numa das muitas ca-
mas de um suposto dormitório
de um pavilhão desativado do Juqueri.
Á minha frente tem uma janela de cai-
xilhos muito pequenos.
Deve ser uma prevenção para os lou-
cos não quebrarem os vidros e fujirem.
Contei o número de caixilhos da minha janela.
São cento e doze.
Ao lado dela tem outra janela com o
mesmo número de caixilhos.
São duzentos e vinte e quatro.
Passando a porta há mais duas janelas igualzinhas
na outra extremidade do suposto dormitório.
(Digo suposto porque foi montado para o filme.
Apenas dormem nele loucos cinematográficos).
São quatrocentos e quarenta e oito,
atrás de mim tem mais seis janelas igualzinhas.
São mil cento e vinte.
Haja caixilhos e janelas no Juqueri:
(E eu estou ficando bom em aritmética).
felizmente, não há tantos loucos no Juqueri
quanto há caixilhos e janelas,
 pois iguais a essas janelas cheias de caixilhos
há muitas e muitas nos muitos e muitos pavilhões
desativados ou não-desativados deste lugar.
Mas minha paciência de contar caixilhos esgotou-se.

Juqueri, 09.03.00

Doença

A noite vem como um temor
e todas as sugestões de ir ao
banheiro tem que ser atendidas.
Como é bom ver raiar a manhã
é sinal de que você sobreviveu
mais aquela noite.

Rio 15. 10. 01

Balcão de informações

Há, em São Paulo,
um grande número de pessoas
que caminham para a frente
olhando para trás.
Ainda não foi calculado
pelas estatísticas
o número de colisões
a que leva tal
procedimento,

SP 02.02.01

Miguel

A coisa mais linda e triste
É ver Miguel saindo do seu quarto
Depois da sesta
Reclamando em voz fininha
- Mamãe – Papai.
Grito que mamãe não está
Saiu foi trabalhar e já volta
Ele nada respondeu
Pois ultimamente
Embora só falte um dia para ele
Completar dois anos
Anda compreendendo tudo
Ajuntei: – Papai ainda deve estar em casa
Micky apareceu na porta francesa
do meu quarto – a ver a outra porta
sem mais sequer um fio de sono
no seu corpinho e viu que a porta
do outro lado que dá para o corredor
de suas habituais correrias
estava fechada.
Na mesma hora a voz grave de papai
Ressoou na sala e ele virou as costas
E se foi.
Agora os dois continuam o passeio.
Essa dupla é imbatível!

Rio, 02.03.02.

Tio Ednei

O tio Ednei quer que eu
escreva um poema para ele
Isso é ao mesmo tempo
signo do crescente prestígio
dos meus poemas entre a família
Mas um pouco a gente não escreve
 porque quer
O verso sai a passear
 por aí...
tio Ednei também, sempre foi um passeador
Eu o conheci assim, um bonito rapaz

Sempre muito bem vestido
E que gostava muito de passear
De ir a lugares, de ver cinema e
 teatro
E de fazer teatro e cinema
Teatro era a sua paixão primordial
Hoje ele anda meio desiludido com
 o teatro
Mas o teatro não está desiludido com
 ele
Ele continua sendo sempre
 um príncipe do teatro
Sua elegância, sua maneira de
colocar os personagens para o
 público
com um calor e uma afetividade
Todas suas.

É uma beleza que não podemos
dispensar.
Faz parte de nossa tradição.
Da nossa visão teatral
Ele foi sempre o nosso grande
mestre em tudo.
Na elegância, na profundidade,
no ato de levar a arte a sério.
E por isso a arte precisa dele.
Para ser levada a sério.
Suas opiniões sobre o teatro
a arte da representação
continuam sendo paradigmas
para nós. Vai, tio Ednei, esse
tio mais que artificial, esse
tio uma criação espontânea
Vai, tio Ednei, ensina-nos
o que é o teatro, o cinema
e a vida, estamos com
os ouvidos abertos para você.
Estamos bebendo suas palavras.
Por ter contracenado sempre
com grandes atrizes
Lílian Lemmertz ("A Caixa de Sombras")
Regina Duarte ("A Selva de Pedra")
Gloria Menezes ("Só Nós Dois": com Tarcísio)
Eva Wilma ("O Bonde Chamado Desejo")
Beatriz Segall ("Os Últimos")
Célia Helena ("Os Últimos")
Dina Sfat ("Hedda Gabler")
Cleide Yaconis ("O Jardim das Cerejeiras")
Tonia Carrero ("Teu Nome é Mulher")

Aracy Balabanian ("Folias no Box")
Suzana Vieira ("As Tias")
Miriam Mehler ("Andorra")
Ele me lembra mais o ator Herbert Marshall
sempre elegantíssimo que fez uma carreira
impecável no cinema e no teatro
de língua inglesa por mais de duas décadas
contracenando com as grandes divas da época.

P.S.: Ele afirma que a
primeira lembrança
de sua vida, foi a de sua
parteira, que ele não podia
enxergar direito por causa
do líquido puerperal, mas
recorda-se que lhe estendeu
a mão, cumprimentando-a:
"bom dia!" e logo depois,
apesar da surpresa da
parteira ajuntou: "Lembra-
me mais tarde que fico lhe
devendo um autógrafo!"
(já nasceu cabotino)
do afeto e da convivência

Rio, 27.03.02

Alê

O ator mais promissor da televisão
do cinema e do teatro
brasileiros – e sua esposa não menos –
são meu valets de chambre
cuidam da minha vestimenta
Segundo a garotada da psicoterapia
me vestem no estilo Richards
a casa mais chique do Brasil
me penteiam o cabelo me fazem a barba no estilo
cavanhaque me cortam as unhas das mãos e dos pés
me impedem de andar por aí
com camisas "enxovalhadas"
o adjetivo de Lílian nos nossos primeiros anos
E por aí vai...
É difícil determinar
o limite para estes valets de chambre super-chiques
mas inventei a piadinha de que o cavanhaque havia
sido inventado por um cavalheiro
francês M. de Cavagnac
E o conhaque por sua vez por outro cavalheiro
francês M. de Cognac. Homenageavam mutuamente
suas criações caindo no porre. Et vive la France!
No Henrique V de Laurence Olivier
enquanto a tropa acampada esperava o raiar do dia
para entrar na batalha de Azincourt
o rei ia falando com
cada um dos soldados insones ou
acomodando os outros
e sentando-se junto ao fogo com

outros e o narrador dizia:
"A little touch of Harry in the night"

É como o Alê vagando insone pela casa dentro da noite ou esperando a volta de Jujú do trabalho: "A little touch of Alê in the night".
Ele conversa um pouco, pergunta se a gente está bem e arruma a disposição das minhas cobertas. Alê é o nosso Rei!

"A little touch of Harry in the night"

Vocês sabem que existe um homem para quem a felicidade de sua esposa é também a sua felicidade. Um homem que se aproxima de seus semelhantes com braços e mãos trêmulos que conduzem mais ao abraço do que a agressão. Um homem que poderia agredir se quisesse. Um homem rodeado de amigos. Cuja principal característica é a tolerância. A não ser no trabalho de ator onde agride muito bem e todos os gestos ficam guardados na caixinha de fósforos do teatro. Um homem que caminha à noite em sua casa para ver como estão as pessoas que vivem com ele. Arruma as cobertas de vovô, vê se ele quer beber água ou fazer xixi, ou qualquer outra coisa. Um homem que passeia entre os seus como o príncipe Henrique de Shakespeare que passeava de madrugada entre os soldados acampados para a batalha de Azincourt e trazia a eles, como disse o poeta: "A little touch of Harry in the night".
Harry é o apelido de Henrique e Alê o de

Alexandre. Um pequeno toque de Alexandre dentro da noite. Para fortalecer para a batalha do dia seguinte. Um homem que tem um filho cuja ligação com ele é tocante. Os dois formam uma dupla imbatível e comovente. O filho que com a esposa e ele formam um grande trio familiar. Vocês estão cansados de saber quem é esse homem. Esse é o nosso amigo, o nosso homem no Rio de Janeiro ou em qualquer parte.

SP, 19.03.02

His mission

My grandson is a real thinking man
Though he is just ten months old.
You can watch him thinking
and follow how his thoughts
lead him to find ways for his life.

He certainly doesn't like
being a helpless infant,
So he tries, as best as he can,
to help himself.

He studies his body and notice
that the muscles his arms and legs
are becoming strong enough
for him to lift himself in his crib.

Then, one day, after many
trials and failures –
but never giving up –
he manages to stand up in his crib

by holding fast, with both hands,
to one of the sides of the crib
and planting firmly his feet
on the softness of its mattress.

And then he looks at us
With a triumphant air,
As if saying: Look at me
I've done it! I am standing

On my crib with the help
Of my own hands and feet.

He still cannot get out of the crib
by himself. But when someone picks
him up and puts him down on the floor,
he knows quite clearly that he cannot
stay up unless he's got something
to hold on to.

But he soon discovers
That the best way for him
To move from one place to another
Is to crawl on his hands and knees.
He always does that to change
from an upright position to another

So, without saying a word,
We talk about it with our bodies.
He comes crawling to me
when I'm sitting down,
and lifts himself with the help of my knee.
Then I move slowly the other knee
In his direction, and he change knees,
A discovery as important as Galilei's,
When he find out that the earth moves.
Then he looks at me, and I move
very slowly the knee he is touching
in the direction of the bookcase,
and he displaces himself
to the bookcase, **o Galilei!**
(1 child is a cosmic thing).

And there he starts studying another lesson
That of holding and moving objects
with his tiny and soft hands, thus
hoping to make them stronger.
And he sets again on the floor,
because this new job
requires a change in posture.

He hasn't as yet tore a single
page out of a book or magazine,
though he treats his toys
quite roughly. Here, he prefers to leaf
through them until he loses patience
with the unwieldy difficulty of the task
and – for dullness is the enemy of learning -
moves away to other fields of discovery

So you may understand
why I call my grandson
a fine thinking man,
with a purpose in life
that is to grow as fast
as he can, and make himself
strong and resorceful!

I only hope he will tend
to his future missions
with the single-mindedness
and throughness he lends
to his present efforts.

Rio 03.01.01

Manhã de outono

Estou aqui.
Uma linda manhã de outono.
O sol reluz lá fora.
E busco afogar-me no caderno.
Estou aqui.
Sem nada para fazer.
Olhar a natureza.
Esperando o tempo passar.
Ir dormir?
Meu esporte favorito.
Dormir, talvez sonhar.
Sonhei muito. Não paro de sonhar.
Mas nenhum sonho leva a nada.
Sonhos inúteis.
Só servem para passar o tempo.
Nenhum me indica um caminho.
Sonhei que tinha formado
uma companhia de cinema
Coisa impossível!
Se o sonho me levasse ao cinema?
E o sonho sugeria tudo
A organização da companhia
Seria desde Ana Beatriz com Alê e Jujú.
É demais, como diz o urso de Mowgli.

Rio, 02.04.02

LA VISION

Mon ami Ednei Giovenazzi a vu dans le ciel un spetacle transcendente. Plusiers jours avant j'ai eu une conversation avec deux potences celestialles. Mes favorites sont Jesús Christe et sa mère Marie. J' ai demandé a eux une "claire de lune" speciale, deux réfléctions de la lune sur le ciel . L'une provoquée par la reflection du Soleil sur la Lune et sur la Terre et l'autre la réfléction de la Lune sur la Terre. Le vent ce jour-lá était si fort que j'ai eu peur de que ces deux ballons lá se éclaboussérent l'un contre l'autre, produissant un desastre inouïe dans l'Histoire du Brésil et dans l'Histoire du Monde, la disparrison immediate de le cité du Rio de Janeiro et d'autre citées prochaines: Petrópolis, Vassouras, Campos, Duque de Caxias, Angra dos Reis, Paraty. Les réfléctions formaient des enormes ballons entre les monuments typiques du Rio de Janeiro. Ce sont le Pain du Sucre et la Urca, deux points turistiques du Rio. Mon ami a resté eblui parr la vision et m'a raconté ce que se passaient entre le Lundi et le Mardi cu commencement du mois de Mai. Je n'ai rien vulu le dire sur mon entente avec des potences celestiales pour ne pas affeblir son émotion ave l'espetacle; ou pour ne pas me faire passer pour trés important au coté de mon ami, que est une personne très honnête et ne mérite pas d'ètre trompée.*

Rio, 31.05.2002 – lo jour de l'anniversaire de Luiza

---

* Fantasias "au bord de la mer". (N.R.)

SÓCRATES

Eu próprio estou sendo visto por amigos como uma réplica quase da estátua de Sócrates velho existente em Atenas: a delicadeza dos ossos a fragilidade dos ombros a extensão das pernas e dos braços. E eu próprio começo a pensar loucamente em passar essa formação clássica às gerações futuras perdurando em relações sexuais com descendentes da alta aristocracia européia, sem camisinha, com a finalidade de ter filhos. Assim procuro princesas, marquesas, condessas, duquesas para engravidá--las. Isso baseia-se na frase de Mirabeau, segundo a qual "quem não viveu na França antes da Revolução não sabe o que é a doçura de viver." De modo que os aristocratas meteram o pé na jaca no que se refere ao povo francês. É preciso ver o que sobrou dessa jaca em termos biológicos e hereditários. Mas aí vai o velho Sócrates querendo criar uma nova aristocracia. Não será uma jaca ainda maior? E eu me considero o herdeiro dessa missão, a loucura me agride de todos os lados, do lado da carne, do lado da imaginação. E fica uma masturbação mental, cheia de refinamentos, procurando imaginar a pele dessas madonas e a educação delas.

Rio, 16.05.02

Tesouro

Gosto de trancar a minha porta
a sete chaves.
Assim vai dar a impressão
de que tenho um tesouro
guardado lá dentro.

SP 22.01.01

Fotos

Bisavô de Linneu, João Jacynto Osório (irmão do General Osório), avô de D. Cença

Vovô Zeca (José de Almeida Moreira) pai da D. Cença, mãe de Linneu

As tias milionárias em frente a praia de Pocitos, Montevideu, Uruguai. D. Cença, a mãe de Linneu, é a que está de casaco branco, símbolo da solterice uruguaia. Sentados, os primos

Dr. João Flores Dias, "El viejo",
em seu tempo de Faculdade de Direito do
Largo de São Francisco - São Paulo, 1920

"D. Cença", Innocencia Osório Moreira

Olavo, Ietta Moreira e Lilian Lemmertz em "O pai", de Stindberg, 1959 - Teatro Universitário de Porto Alegre

Linneu Dias, Claudio Heemann e Ieta Moreira em "A Bilha Quebrada", de von Kleist, 1961

Linneu Dias, Cristina Pereira e Luiz Roberto Galizia em "Delírio tropical", de Stanislaw Witkiewics, Teatro Oficina, 1977

Linneu na máquina, com os livros. Depois dizia: não sou um intelectual...

Linneu Dias (A velha) e Martha Meola (Cunegundes) em "Candide" de Voltaire (Foto de João Caldas)

Linneu Dias e Amélia Bittencourt em "Atos de omissões" de Bosco Brasil, 1994

Minh'alma, alma minha

Monólogo

(citações de poemas de
Vinicius de Moraes, Mário Quintana,
Charles Baudelaire, Mario de Andrade)

Direção: Maria Lúcia Pereira
Teatro Crowne Plaza, 1994, São Paulo

venha
viajar
na sua
sensibilidade
com

Linneu Dias

no
monólogo
poético

minh'alma
alma minha

direção
Maria Lúcia Pereira

> To be or not to be, that is the question:
> Whether 'tis nobler in the mind to suffer
> The slings and arrows of outrageous fortune,
> Or to take arms against a sea of troubles
> And by opposing end them. To die: to sleep.
> No more; and by a sleep to say we end
> The heart-ache and the thousand natural shocks
> That flesh is heir to: 'tis a consumation
> Devoutly to be wished. To die: to sleep.
> To sleep? Perchance to dream.

Eu sou um ator.
Isso, a gente é ou não é.
Não adianta querer ser.
Quem quer ser um ator, nunca será.
A gente é, e pronto.
Você primeiro é, depois escolhe.

Engraçado eu dizer: sou um ator.
Logo eu, que era o introspectivo, o tímido, o que não sabia cantar nem dançar, e muito menos jogar futebol. Eu continuo não sabendo essas coisas, mas sou um ator. Eu era muito envergonhado. Ficava vermelho por qualquer coisa e chorava por dá cá aquela palha.
Hoje dominei mais ou menos essas coisas. Mas lamento tê-las dominado.

Olho para a crinça que eu era e sinto saudades. Por que eu não pude carregar pela vida inteira o que eu era como criança?

O que eu mais lembro de minha infância eram os momentos do entardecer em Santana do Livramento, no Rio Grande do Sul, o céu mais bonito do mundo, segundo Jorge Luis Borges. Eu parava, ao entardecer – aquelas tardes silenciosas, translúcidas, cristalinas, aqueles crepúsculos demoradíssimos – e pensava, mas com uma força imensa, que não era possível que algum dia eu pudesse deixar de sentir aquela sensação tão forte de eu ser eu, de eu estar existindo no mundo. Depois houve alguma coisa que estragou tudo. De repente, tudo se relativizou, e eu comecei a ser adulto. Sem saber como nem por que, eu fui expulso do paraíso.

> Nostalgia de los arcángeles:
> Yo era....
> Mirame.
>
> Vestido como en el mundo,
> Ya no se me ven las alas.
> Nadie sabe como fui,
> No me conocem.
>
> Por las calles, quién se acuerda?
> Zapatos son mis sandalias.
> Mi túnica, pantalones
> Y chaqueta inglesa.
> Dime quién soy.
>
> Y, sin embargo, yo era...
>
> Mirame.

Desde então, acho que fui feliz muitas vezes, mas nunca como antes, nunca daquela maneira tão completa, tão total. Isso eu perdi para sempre. Eu acho que, quando criança, eu sabia amar. Depois desaprendi.

Da vez primeira em que me assassinaram
Perdi um jeito de sorrir que eu tinha...
Depois, de cada vez que me mataram
Foram levando qualquer coisa minha...

E hoje, dos meus cadáveres eu sou
O mais desnudo, o que não tem mais nada...
Arde um toco de vela, amarelada...
Como único bem que me ficou!

Vinde corvos, chacais, ladrões de estrada!
Ah! desta mão, avaramente adunca,
Ninguém há de arrancar-me a luz sagrada!

Aves da noite! Asas do horror! Voejai!
Que a luz trêmula e triste como um ai,
A luz do morto não se apaga nunca!

Eu tinha muitos irmãos, éramos oito, ao todo.
Mas apesar de sermos tantos, havia momentos em que, não sei como, eu ficava sozinho em casa. Teria uns 7 ou 8 anos. Aí eu entrava no quarto de minha mãe. Era um quarto enorme, sombrio, dividido em duas partes por um grande arco – e numa das partes ficava o quarto de vestir dela. Ali havia uma penteadeira com espelhos móveis. Lá eu entrava, sozinho, e pegava as coisas de minha mãe. Nunca niguém me pegou fazendo isso. Mas eu devia ter gestos bem femininos, porque uma vez meu pai me disse, meio irritado: Menino, vê se não lava as mãos como se fosse uma mulher. Mas tarde, eu ainda não teria completado 10 anos, constatei pela observação e ouvindo comentários, que não era bom ser um travesti.

Não posso crer que se conceba
Do amor senão o gozo físico!
O meu amante morreu bêbado,
E meu marido morreu tísico!

Não sei entre que astutos dedos
Deixei a rosa da inocência.
Antes da minha pubescência
Sabia todos os segredos...

Fui de um... Fui de outro.... Este era médico....
Um, poeta... Outro, nem sei mais!
Tive em meu leito enciclopédico
Todas as artes liberais.

Aos velhos dou o meu engulho.
Aos férvidos, o que os esfrie.
A artista, a coquetterie
Que inspira... E aos tímidos – o orgulho.

Estes, caçoo-os e depeno-os:
A canga fez-se para o boi...
Meu claro ventre nunca foi
De sonhadores e de ingênuos!

E todavia se o primeiro
Que encontro, fere toda a lira,
Amanso. Tudo se me tira.
Dou tudo. E mesmo... dou dinheiro...

Se bate, então como estremeço!
Oh, a volúpia da pancada!
Dar-me entre lágrimas, quebrada

Do seu colérico arremesso...

E o cio atroz se me não leva
A valhacoutos de canalhas
É porque temo pela treva
O fio fino das navalhas...

Não posso crer que se conceba
Do amor senão o goza físico!
O meu amante morreu bêbado,
E meu marido morreu tísico!

O orgulho e a vergonha me fizeram dominar essa tendência. Foi uma escolha bem consciente: não quero ser um travesti. Mas isso me custou muito: perder aqueles trejeitos me fez perder também toda a naturalidade. Acho que foi aí que comecei a ser infeliz.

Souvent, pour s'amuser, les hommes d'équipage
Prennent des albatros, vastes ciseaux des mers,
Qui suivent, indolents compagnons de voyage,
Le navire glissant sur les gouffres amers.

À peine ont-ils déposés sur les planches,
Que ces rois de l'azur, maladroits et honteux,
Laissent piteusement leurs grandes ailes blanches
Comme des avirons traîner a côté d'eux.

Ce voyageur ailé, comme il est gauche et veule!
Lui, naguère si beau, qu'il est comique et laid!
L'un agace son bec avec un brûle-gueule,
L'autre mime, en boitant, l'infirme qui volait!

Le Poëte est semblable au prince des nuées
Qui hante la tempête et se rit de l'archer;
Exilé sur le sol, au milieu des huées,
Ses ailes de géant l'empêchent de marcher.

Então, fui para o colégio interno em S. Paulo, com 12 anos de idade. Como é que aconteceu que um guri de Santana do Livramento, no extremo sul do país, fronteira com o Uruguai, foi parar, em 1939, começo da Segunda Guerra Mundial, no Colégio de São Bento, ali, no largo, entre o Viaduto Santa Ifigênia e a rua Florêncio de Abreu? Meu pai era um jovem e abonado filho de fazendeiro, que estudou em São Paulo, na Faculdade de Direito do largo São Francisco. Em 39, ele veio a São Paulo comemorar os 20 anos de formatura e num gesto, quem sabe de semostração, quem sabe de generosidade e confiança, resolveu matricular seu filho mais velho na melhor escola paulista da época.

Meu pai era um espírito um tanto extravagante: ele achava São Paulo o máximo. Vivia atirando na cara dos gaúchos que o Rio Grande do Sul era uma merda, e que no, Brasil, só São Paulo prestava. Meu irmão mais velho, que já sabia das coisas, se recusou a ir para o colégio interno. Aí, meu pai virou-se para mim e disse: "Então, vai o Linneu". E eu, sagrado cavaleiro por acaso, embaixador da inteligência gaúcha em terras paulistas, fui despachado para o Colégio de São Bento.

Deu-me Deus o seu gládio, porque eu faça
A sua santa guerra.
Sagrou-me seu em honra e em desgraça,
Às horas em que um frio vento passa
Por sobre a fria terra.

Pôs-me as mãos sobre os ombros e doirou-me
A fronte com o olhar;
E esta febre de Além, que me consome,
E este querer grandeza são seu nome
Dentro de mim a vibrar.

E eu vou, e a luz do gládio erguido dá
Em minha face calma.
Cheio de Deus, não temo o que virá,
Pois, venha o que vier, nunca será
Maior do que a minha alma.

No Colégio de São Bento, desenvolvi duas coisas cujas sementes haviam sido anteriormente cultivadas. A primeira delas foi o gosto pela língua inglesa, despertado pela amizade com uma prima muito chique, cuja avó morava num palacete em Petrópolis e cujo pai fora educado na Suíça. Ela falava inglês com perfeição, com acento britânico, e tinha uma vitrola de manivela onde tocava discos de Fred Astaire e Al Jolson.

E o jeito que ela pronunciava nomes de artistas... A gente dizia Tirone Póver e Catarina Eprun, enquanto ela vinha com Tairone Póuer e Kétherin Hépbarn...

A segunda coisa que cultivei no São Bento foi a lenda de que eu era um intelectual. Esta "lenda" já nascera no ambiente familiar, devido à minha forte miopia e à minha falta de jeito para os esportes. Isso, aliado à minha religiosidade inicial, que no internato se transformou num ateísmo desafiador, fazia com que os próximos vaticinassem que eu ia ser padre.

Ali não havia eletricidade.
Por isso foi à luz de uma vela mortiça
Que li, inserto na cama,

O que estava à mão para ler -
A Bíblia, em português (coisa
curiosa!), feita para protestantes.

E reli a "Primeira Epístola aos Coríntios".
Em torno de mim o sossego excessivo
de noite de província
Fazia um grande barulho ao contrário,
Dava-me uma tendência do choro para a desolação.
A "Primeira Epístola aos Coríntios"...

Reli-a à luz de uma vela subitamente antiquíssima,
E um grande mar de emoção ouvia-
se dentro de mim...
Sou nada...
Sou uma ficção...
Que ando eu a querer de mim ou
de tudo neste mundo?
"Se eu tivesse a caridade".
E a soberana luz manda, e do alto dos séculos,
A grande mensagem com que a alma é livre...
"Se eu não tivesse a caridade"...
Meu Deus, e eu que não tenho a caridade!...

Escondido atrás dos grossos óculos, eu ia construindo a minha posição de intelectual, como uma defesa, para alcançar o que parecia ser o meu principal objetivo: ser respeitado. Mas intelectual eu não era, nem jamais seria. Porém havia alguma coisa, por insignificante que fosse. Às vezes, crio uma fantasia estrambótica na minha cabeça, de que, em certo momento, eu poderia ter optado por mim, por minhas idiossincrasias, minhas loucuras, em vez de procurar a aprovação dos outros. E quando me vem essa construção endoidecida, fico meio triste, meio bestificado, pensando no que eu poderia ter sido...

> O dominó que vesti era errado.
> Conheceram-me logo por quem não
> era e não desmenti, e perdi-me.
> Quando quis tirar a máscara,
> Estava pegada à cara.
> Quando a tirei e me vi ao espelho,
> Já tinha envelhecido.
> Estava bêbado, já não sabia vestir o
> dominó que não tinha tirado.
> Deitei fora a máscara e dormi no vestiário
> Como um cão tolerado pela gerência
> Por ser inofensivo
> E vou escrever esta história para
> provar que sou sublime.

Terminei o ginásio no São Bento. E ali comecei, eu que era péssimo em matemática, o curso científico. Logo a seguir, fui expulso do colégio, por uma razão puramente disciplinar: eu fugia muito, e, tendo sido advertido, participei de um movimento geral de fuga e, então, fui escolhido como um dos bodes expiatórios. Aí, fui transferido para o Colégio Rio Branco, que ficava onde é hoje o SESC Consolação, o Teatro Anchieta. Lá, fiz amizade com um rapaz da minha idade, o Gabriel, de sobrenome paulista tradicional, que era a criatura mais doce, mais simpática e despretenciosa que já conheci. Junto com ele, e mais dois colegas, fugimos uma noite para ir comer pizza ali perto, na Avenida Ipiranga (cujo único edifício alto era o Esther). Quando voltamos, a porta do domitório estava trancada e tivemos que passar a noite na escada. No dia seguntie, fui novamente expulso.

Mas, desta vez, só do internato, podendo continuar no colégio como aluno externo. Meu pai foi tão paciente que permitiu que eu continuasse em São Paulo, numa pensão cara, por mais um ano, onde, depois de ter sido reprovado no científico, como era lógico, fiz o primeiro clássico.

E, finalmente, voltei para o Sul. Era outro: andava de paletó e gravata, ternos de alfaiate, e mantinha uma atitude de aristocrático distanciamento para disfarçar a falta de grana e a timidez doentia.

> Minha mãe, manda comprar um quilo
> de papel almaço na venda
> Quero fazer uma poesia.
> Diz à Amélia para preparar um refresco bem gelado
> E me trazer muito devagarinho.
> Não corram, não falem, fechem
> todas as portas a chave.
> Quero fazer uma poesia.
> Se me telefonarem, só estou para Maria
> Se for o Ministro, só recebo amanhã
> Se for um trote, me chama depressa
> Tenho um tédio enorme da vida.
> Diz à Amélia para procurar a Patética no rádio
> Se houver um grande desastre vem logo contar
> Se o aneurisma de dona Ângela arrebentar, me avisa
> Tenho um tédio enorme da vida.
> Liga para vovó Nenem, pede a ela
> uma ideia bem inocente
> Quero fazer uma grande poesia.
> Quando meu pai chegar tragam-
> me logo os jornais da tarde
> Se eu dormir, pelo amor de Deus me acordem

Não quero perder nada da vida.
Fizeram bicos de rouxinol para o meu jantar?
Puseram no lugar meu cachimbo e meus poetas?
Tenho um tédio enorme da vida.
Minha mãe estou com vontade de chorar
estou com taquicardia, me dá um remédio
Não, antes me deixa morrer, quero morrer, a vida
Já não me diz mais nada
Tenho horror da vida, quero fazer
a maior poesia do mundo
Quero morrer imediatamente.
Ah, pensa uma coisa, minha mãe,
para distrair teu filho
Teu falso, teu miserável, teu sórdido filho
Que estala em força, sacrifício,
violência, devotamento
Que podia britar pedra alegremente
Ser negociante cantando
Fazer advocacia com o sorriso exato
Se com isso não perdesse o que
por fatalidade de amor
Sabe ser o melhor, o mais doce
e o mais eterno da tua
puríssima carícia.

Se na aparência eu havia mudado, continuava o mesmo interiormente. Continuava perdido na minha eterna confusão: tinha terminado o curso clássico mas resolvi fazer o vestibular de Medicina... Perdi um ano estudando num cursinho (sempre sem a menor piedade pelo dinheiro dos velhos), fui reprovado na Universidade Federal do Rio Grande do Sul e aprovado no curso de Biologia da Pontifícia Universidade Católica, o qual me meti a cursar com tal denodo que acabei caindo doente, com pleurisia. Nos dois meses que passei de cama, conheci Vinicius de Moraes, Carlos Drummond de Andrade, Manuel Bandeira, Octavio de Faria. Veio desta época o meu amor pela poesia e pela literatura.

Papai, me compra a Biblioteca
Internacional de Obras Célebres,
São só 24 volumes encadernados,
em percalina verde.
Meu filho, é livro demais para uma criança,
Compra assim mesmo, pai, eu cresço logo.
Quando crescer eu compro. Agora não.
Papai, me compra agora. É em percalina verde,
Só 24 volumes. Compra, compra, compra.
Fica quieto, menino. Eu vou comprar.

Rio de Janeiro? Aqui é o Coronel.
Me manda urgente sua Biblioteca
Bem acondicionada, não quero defeito.
Se vier com arranhão, recuso, já sabe:
Está bem, Coronel, ordens são ordens.
Segue a Biblioteca pelo trem-de-ferro,
fino caixote de alumínio e pinho.
Termina o ramal, o burro de carga
vai levando tamanho universo.

Chega cheirando a papel novo, mata
de pinheiros toda verde. Sou
o mais rico menino destas redondezas.
(Orgulho, não: inveja de mim mesmo.)
Ninguém mais aqui possui a coleção

de Obras Célebres. Tenho de ler tudo.
Antes de ler, que bom passar a mão
no som da percalina, esse cristal

de fluida transparência: verde, verde.
Amanhã começo a ler. Agora não.

Agora quero ver figuras. Todas.
Templo de Tebas, Osíris, Medusa.
Apolo nu. Vênus nua... Nossa
Senhora, tem disso nos livros?
Depressa, as letras. Careço ler tudo.

A mãe se queixa: Não dorme este menino.
O irmão reclama: apaga a luz, cretino!
Esparmacete cai na cama, queima
a perna, o sono. Olha que eu tomo e rasgo
essa Biblioteca antes que pegue fogo
na casa. Vai dormir, menino, antes que eu perca
a paciência e te dê uma sova. Dorme,
filhinho meu, tão doido, tão fraquinho

Mas leio, leio. Em filosofias
tropeço e caio, cavalgo de novo
meu livro verde, em cavalarias
me perco, medievo: em contos, poemas
me vejo viver. Como te devoro
verde pastagem. Ou antes carruagem
de fugir de mim e me trazer de volta
à casa em qualquer hora num fechar
de páginas?
Tudo que sei é ela que me ensina.

O que saberei, o que não saberei
nunca,
está na Biblioteca em verde murmúrio
de flatua-percalina eternamente.

Foi por esse tempo que recebi um convite para fazer teatro. O Teatro do Estudante do Rio Grande do Sul ia montar "O mercador de Veneza". Abriu testes, fui aprovado. Ali, fiquei amigo da principal atriz do grupo, uma mulher mais velha, feia de doer. Mas ela se vestia muito bem – ela própria costurava suas roupas. Cozinhava divinamente e cantava todo o repertório popular em voga (Dolores Duran, Antonio Maria, bossa nova). Era funcionária pública e atriz de um popularíssimo programa humorístico de rádio, pelo qual era conhecida na cidade toda. Tivemos uma amizade engraçada, agitadíssima, com muitas brigas, e quase sexo. Foi por influência dela que continuei no grupo depois que eles desistiram de montar "O mercador" e partiram para um Festival Tchecov, no qual eu, com 20 anos de idade, e aparentando 18, fazia um velhinho de longas barbas brancas. Atirei-me no papel como um kamikaze, deu certo e eu me integrei no elenco do Teatro do Estudante.

A próxima peça ia ser dirigida por José Lewgoy, que acabava de voltar de uma bolsa de estudos nos Estados Unidos. Mas logo em seguida ele recebeu um convite para filmar "Matar ou correr" no Rio de Janeiro, nos estúdios da Atlântida, onde se tornou o maior vilão do cinema nacional, e não apareceu mais. Então, o Teatro do Estudante caiu nas mãos do Walmor Chagas, que me chutou para escanteio, preferindo o poeta José Paulo Bisol, hoje senador, para fazer o papel de Lövborg na sua montagem de "Hedda Gabler". Curioso é que, alguns anos depois, em São Paulo, eu vim a fazer justamente este papel numa montagem de "Hedda Gabler" dirigida por quem? Walmor Chagas!

Mas essa recusa interrompeu, temporariamente, a minha carreira teatral, e eu continuava às voltas com a minha vocação. Abandonei a Biologia e entrei na Faculdade de Direito...

    Que vai ser quando crescer: vivem perguntando em redor. Que é ser? É ter um corpo, um jeito, um nome? Tenho os três. E sou? Tenho de mudar quando crescer? É terrível, ser? Dói? É bom? É triste? Ser: pronunciado tão depressa, e cabe tantas coisas? Repito: ser, ser, ser. Er. R. Que vou ser quando crescer? Sou obrigado a? Posso escolher? Não dá para entender. Não vou ser. Não quero ser. Vou crescer assim mesmo. Sem ser. Esquecer.

Meu pai, advogado, sabia que eu nunca me dedicaria à profissão dele. Ele chegava a ter o desplante de dizer, na minha frente, apontando para um irmão mais novo: "Este, sim, que devia ter estudado advocacia, pois é um espertalhão!" E eu fingia ignorar os insultos paternos, dando-me ares de superioridade, pois, afinal de contas, eu era um intelectual...

Foi por este tempo que conheci um escritor, o Paulo Hecker Filho, que decidiu que eu era um talento para a literatura e não me deixava em paz.

Dono de uma inteligência irriquieta e de uma tremenda capacidade de ação, ele conseguia irritar a cidade inteira e me levava junto. A amizade com o Paulo me ensinou como me comportar na vida e me deu uma organização – nem sempre certa, mas uma organização na qual, na época, eu acreditava, uma organização que eu não consegui ter com os meus pais, nem com o São Bento, nem com a Faculdade. Finalmente, eu sabia o que fazer de mim na vida. Ou achava que sabia...

    O meu amigo era tão
    de tal modo extraordinário,

cabia numa só carta,
esperava-me na esquina,
e já um poste depois
ia descendo o Amazonas,
tinha coletes de música,
entre cantares de amigo
pairava na renda fina
dos Sete Saltos,
na serraria mineira,
no mangue, no seringal,
nos mais diversos brasis,
e para além dos brasis,
nas regiões inventadas,
países a que aspiramos,
fantásticos,
mas certos, inelutáveis,
terra de João invencível,
a rosa do povo aberta...

E saí a conquistar o mundo. Voltei ao teatro, e em questão de pouco tempo passei de ator (premiado) a diretor, a bolsista em Yale, a professor de Interpretação na Universidade, a cidadão casado. Em suma, eu ia ser um sucesso! Até que, um dia, as perspectivas em Porto Alegre se fecharam e eu tive de vir para São Paulo... E, em São Paulo, eu caí na real. O casamento me abriu a via do sexo, com todos os seus prazeres, variantes e perigos e, ao mesmo tempo, me fechou a via da independência pessoal. Eu já não podia mais fazer tudo o que queria. E continuava não sabendo muita coisa...
O casamento passou, os amores passaram, a juventude passou.
    Este que vês aqui, formosa dama,
    Entre moles testículos pendente,

Já foi em outro tempo raio ardente,
Hoje é pavio, que não solta chama:

Este que vês aqui já foi o Gama
Dos mares onde navega tanta gente;
Hoje é carcaça velha, que somente
Dos estragos que fez conserva a fama:

Este que vês qui, foi do trabalho
O mais sofredor (quem tal dissera?)
Hoje do amor é lânguido espantalho:

Este que vês aqui, na ardente esfera,
Já foi flor, já foi luz, já foi caralho;
Mas hoje não é já quem dantes era.

Quando eu conheci a mulher que eu amei, ela era uma magrela muito sonsa, que tinha um namorado com o qual vivia sempre brigando. Convidada para fazer teatro, conquistou a todos logo na primeira peça – ela fazia a Laura Wingfield de "À margem de vida". Não tinha qualquer experiência, e falava como era: uma jovem portoalegrense de família de origem alemã, mas sua beleza, sua fragilidade, seu autêntico desamparo, sua total ausência de artifício fizeram dela a Laura mais comovente que eu já vi, em qualquer versão, de qualquer país. Bem estrela que era, afastou-se do teatro depois dessa peça, dizendo que o tal namorado não queria. Mas andava sempre por ali, nas festas, nos barzinhos, os longos cabelos lisos pintados de uma rara cor avermelhada, os olhos sombreados de lilás, a pele muito clara e os lábios pintados de um vermelho vivo, com uma exatidão científica. Ela parava no bar Atlântida, nosso reduto noturno, com um cigarrinho na mão e um copo de conhaque, e varava a noite quase sem falar, mas com os olhos muito abertos, muito tranquilos, enxergando tudo...

Um mover d'olhos, brando e piadoso,
sem ver de quê; um riso brando e honesto,
quase forçado; um doce e humilde gesto,
de qualquer alegria duvidoso;

um desejo quieto e vergonhoso;
um repouso gravíssimo e modesto;
uma pura bondade, manifesto
indício da alma, limpo e gracioso;

um encolhido ousar, uma brandura.
um medo sem ter culpa; um ar sereno.
um longo e obediente sofrimento;

esta foi a celeste formosura
da minha Circe, e o mágico veneno
que pôde tranformar meu pensamento.

Nos encontramos realmente no teatro, eu dirigindo-a como atriz – coisa fácil de fazer, pois apesar de sua relutância inicial, ela nascera para o palco. Vista com os olhos de agora, foi uma época feliz, divertida. Foi aí que tivemos nosso primeiro embate de namoro. Mas eu, diante do compromisso amoroso que a paixão por ela poderia representar, resolvi parar, romper, e ela me saiu com a frase: "Espero que algum dia alguém faça você sofrer como eu estou sofrendo agora", maldição que, na época, seria apenas uma frase, mas que ficou na minha cabeça e que, depois, paguei muitas vezes.

O que ela não sabia é que nela eu temia a mulher, este ser de quem eu me aproximara apenas uma vez, através de uma prostitua bonita em Livramento, e diante da qual a minha ânsia sensual se precipitara... O que a mulher que eu viria a amar não compreendia é que, diante do amor, eu também era tímido e hesitante...

> Arreitada donzela em fofo leito
> Deixando arguer a virginal camisa,
> Sobre as roliças coxas se divisa
> Entre sombras sutis pachocho estreito!
>
> De louro pelo um círculo imperfeito
> Os papudos beicinhos lhe matiza!
> E a branca crica, nacarada e lisa,
> Em pingos verte alvo licor desfeito:
>
> A voraz porra as guelras encrespando
> Arruma a focinheira e entre gemidos
> A moça treme, os olhos requebrando:
>
> Como é ainda boçal perde os sentidos:
> Porém vai com tal ânsia trabalhando,
> Que os homens é que vêm a ser fodidos.

Viajei para longe, voltei, nos reencontramos. Aceitei com prazer o meu destino, comportei-me como amigo dedicado, e nos entregamos com assiduidade ao amor físico. Os meses anteriores ao nosso casamento foram quase de absoluta felicidade. Todas as noites, antes de levá-la em casa, ficávamos num banco de praça perto do apartamento onde eu morava, cercados de silêncio e vegetação e flores e muito envolvimento.

Uma lua no céu apareceu
Cheia e branca: foi quando, emocionada
A mulher ao meu lado estremeceu
E se entregou sem que eu dissesse nada.

Larguei-as pela jovem madrugada
Ambas cheias e brancas e sem véu
Perdia uma, a outra abandonada
Uma nua na terra, outra no céu.

Mas não partira delas; a mais louca
Apaixonou-me o pensamento: dei-o
Feliz – eu de amor pouco e vida pouca

Mas que tinha deixado em meu enleio
Um sorriso de carne em sua boca
Uma gota de leite em seu seio.

Um amigo, na época, disse que eu parecia "o conformista", do livro de Morávia, que líamos então. Na verdade, eu queria me enquadrar na sociedade, ser um casado como os outros, ganhar dinheiro, sustentar família, ter filhos etc., etc. E como, estando empregado, pela primeira vez na vida eu tinha um salário, resolvi arriscar tudo e me lançar, ainda que, no fundo, irresponsavelmente, a esse projeto.

Três meninos e duas meninas,
sendo ainda de colo.
A cozinheira preta, a copeira mulata,
o papagaio, o gato, o cachorro,
as galinhas gordas no palmo de horta
e a mulher que trata de tudo.

A espreguiçadeira, a cama, a gangorra,
o cigarro, o trabalho, a reza,
a goiabada na sobremesa de domingo,
o palito nos dentes contentes,
o gramofone rouco toda a noite
e a mulher que trata de tudo.

O agiota, o leiteiro, o turco,
o médico uma vez por mês
O bilhete todas as semanas
branco! mas a esperança sempre verde.
A mulher que trata de tudo
e a felicidade.

Casados, nossa vida era bem burguesa. Tínhamos até casais de amigos que íamos visitar, ou convidávamos para jantar; tínhamos televisão e geladeira, empregada e, logo, um bebê – que nasceu num momento totalmente idílico do nosso casamento... Para nos sustentarmos, tínhamos ambos empregos burocráticos, com os quais estávamos ambos insatisfeitos. Fomos salvos deles por um convite para virmos fazer teatro em São Paulo. Viemos, sem saber que isso nos afastaria irremediavelmente. Em São Paulo, eu descobri o ciúme. Ela foi imediatamente reconhecida, era a revelação de atriz, eu apenas o marido. Nos apaixonamos por outras pessoas. Um dia, eu estava no banheiro, terminando de me vestir, e ela entrou e disse que queria o desquite, de um jeito suave, meio chorosa. Nos abraçamos, e ela continuou repetindo isso. Eu a afaguei, como se a estivesse consolando, e disse que tudo bem, que eu cuidaria disso. E ficamos ali abraçados, sem saber o que fazer... Lá fora, nossa filhinha, de quatro anos, batia na porta, querendo entrar.

Eu deixarei que morra em mim o desejo
da amar os teus olhos que são doces
Porque nada poderei te dar senão a mágoa
de me veres eternamente exausto.
No entanto a tua presença é qualquer
coisa como a luz e a vida
E eu sinto que em meu gesto existe o teu
gesto e em minha voz a tua voz.
Não quero te ter porque em meu
ser estaria tudo terminado.
Quero só que surjas em mim como
a fé nos desesperados
Para que eu possa levar uma gota de
orvalho nesta terra amaldiçoada
Que ficou sobre a minha carne como
uma nódoa do passado.
Eu deixarei... tu irás e encostarás
a tua face em outra face
Teus dedos enlaçarão outros dedos e tu
desabrocharás para a madrugada
Mas tu não saberás que quem te colheu fui
eu porque eu fui o grande íntimo da noite
Porque eu encostei minha face na face
da noite e ouvi a tua fala amorosa
Porque meus dedos enlaçaram os dedos
da névoa suspensos no espaço
E eu trouxe até mim a misteriosa essência
de teu abandono desordenado.
Eu ficarei só como os veleiros nos portos silenciosos
Mas eu te possuirei mais que
ninguém porque poderei partir
E todas as lamentações do mar, do vento,

do céu, das aves, das estrelas
Serão a tua voz presente, a tua voz
ausente, a tua voz serenizada.

Eu a amava muito e, cada vez que penso nela, desconfio que ela também me amava, quem sabe até mais do que eu a amava, pois ela morreu e eu continuo vivo, estupidamente vivo, teimosamente vivo.

Sei que todos já existimos antes,
Neste, ou em diferentes lugares,
E o que cumprimos agora,
Entre o primeiro choro e o último suspiro,
Não seria mais que o equivalente de um dia comum
Senão que menos ainda: um instante.

Cada homem renasce ao primeiro dia.

Contudo,
Às vezes sucede que morremos,
De algum modo,
Espécie diversa de morte,
Imperfeita e temporária.
Morremos, morre-se,
Outra palavra não haveria
Para definir tal estado
- Essa estação crucial.
É um obscuro finar-se,
Procedido de certa parada;
Sempre com uma destruição prévia,
Um dolorido esvaziamento.
Nós mesmos, então, nos estranhamos.

Não a todos, talvez isso aconteça,
E mesmo somente a poucos;
Ou, quem sabe, só tenham noção disso
Os já mais velhos,
Os mais acordados.
O que lhes vem é de repente,
Quase sem aviso:
Uma grave doença, uma dura perda,
O deslocamento para um lugar remoto,
Alguma inapelável condenação ao isolamento.

Cada criatura é um rascunho
A ser retocado sem cessar.
Mas todo o verdadeiro passo adiante
No crescimento
Exige o baque inteiro do ser
O apalpar imenso de perigos
Um falecer no meio de trevas:
A passagem.

Não me surpreenderia fosse verdade
O que ouvi um dia: quem sabe a vida
É uma morte, e a morte uma vida?

Esta obra foi produzida no Rio de Janeiro,
no inverno de 2012, pela editora Garamond.
A tipologia empregada foi Times New Roman.
O papel utilizado para o miolo é off set 90g.
Impresso em São Paulo pela PSI7.